sekolah - 学校 — 2

perjalanan - 旅行 — 5

transportasi - 輸送 — 8

kota - 都市 — 10

pemandangan - 風景 — 14

restauran - レストラン — 17

supermarket - スーパーマーケット — 20

minuman - 飲み物 — 22

makanan - 食べ物 — 23

pertanian - 農場 — 27

rumah - 家 — 31

ruang tamu - リビングルーム — 33

dapur - 台所 — 35

kamar mandi - 浴室 — 38

kamar anak - 子供部屋 — 42

pakaian - 衣服 — 44

kantor - オフィス — 49

ekonomi - 経済 — 51

pekerjaan - 職業 — 53

alat - 道具 — 56

alat musik - 楽器 — 57

kebun binatang - 動物園 — 59

olahraga - スポーツ — 62

aktivitas - 活動 — 63

keluarga - 家族 — 67

badan - 体 — 68

rumah sakit - 病院 — 72

darurat - 救急 — 76

bumi - 地球 — 77

jam - 時計 — 79

minggu - 週 — 80

tahun - 年 — 81

bentuk - 形 — 83

warna-warna - 色 — 84

berlawanan - 反対 — 85

angka-angka - 数 — 88

bahasa-bahasa - 言語 — 90

siapa / apa / begaimana - 誰 / 何 / どう — 91

dimana - どこ — 92

Impressum

Verlag: BABADADA GmbH, Nedderfeld 112 , 22529 Hamburg

Geschäftsführer / Verlagsleitung: Harald Hof

Druck: Books on Demand GmbH, In de Tarpen 42, 22848 Norderstedt

Imprint

Publisher: BABADADA GmbH, Nedderfeld 112 , 22529 Hamburg, Germany

Managing Director / Publishing direction: Harald Hof

Print: Books on Demand GmbH, In de Tarpen 42, 22848 Norderstedt

sekolah
学校

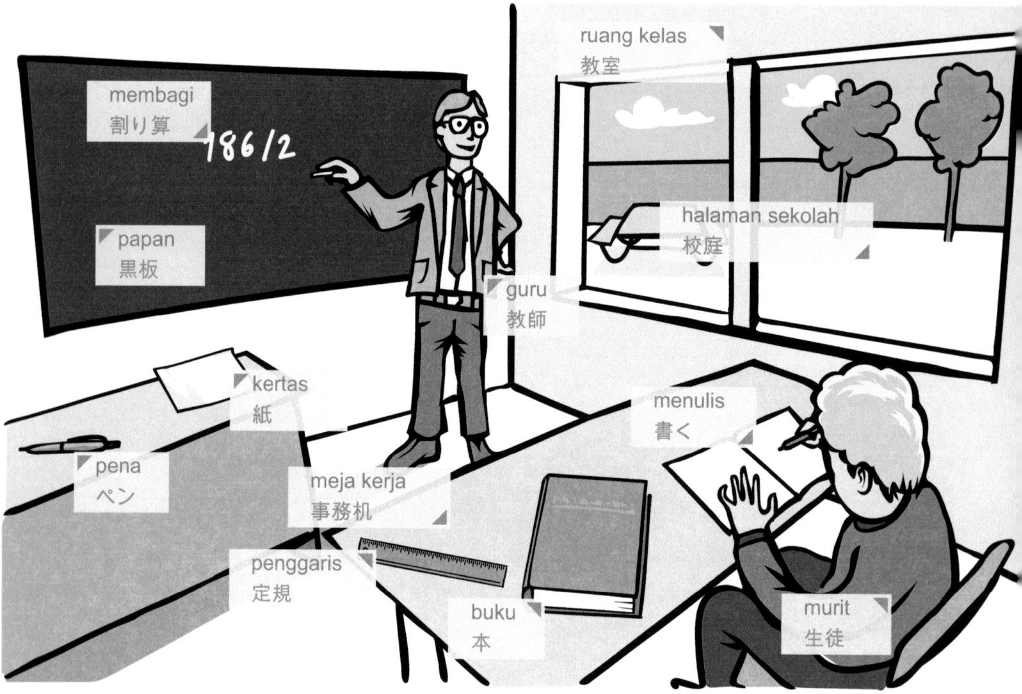

ruang kelas
教室
membagi
割り算
186/2
papan
黒板
halaman sekolah
校庭
guru
教師
kertas
紙
menulis
書く
pena
ペン
meja kerja
事務机
penggaris
定規
buku
本
murit
生徒

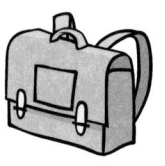

tas sekolah
ランドセル

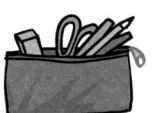

tempat pensil
筆入れ

pensil
鉛筆

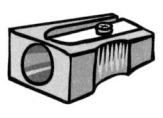

pengasah pensil
鉛筆削り

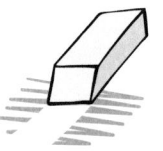

penghapus
消しゴム

kertas gambar
スケッチブック

gambar

スケッチ

kuas

絵筆

kotak cat

絵の具箱

gunting

はさみ

lem

接着剤

buku latihan

練習帳

pekerjaan rumah

宿題

12

angka

数

2+2

tambhakan

足し算

5-2

mengurangi

引き算

2×2

mengalikan

かけ算

menghitung

計算する

A

huruf

文字

ABCDEFG
HIJKLMN
OPQRSTU
VWXYZ

alfabet

アルファベット

kata

単語

teks

テキスト

membaca

読む

kapur

チョーク

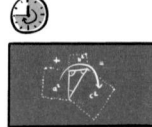

pelajaran

授業

daftar

学級日誌

ujian

試験

sertifikat

通知表

seragam sekolah

制服

pendidikan

教育

ensiklopedi

百科事典

universitas

大学

mikroskop

顕微鏡

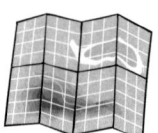

peta

地図

tempat sampah

ごみ箱

perjalanan
旅行

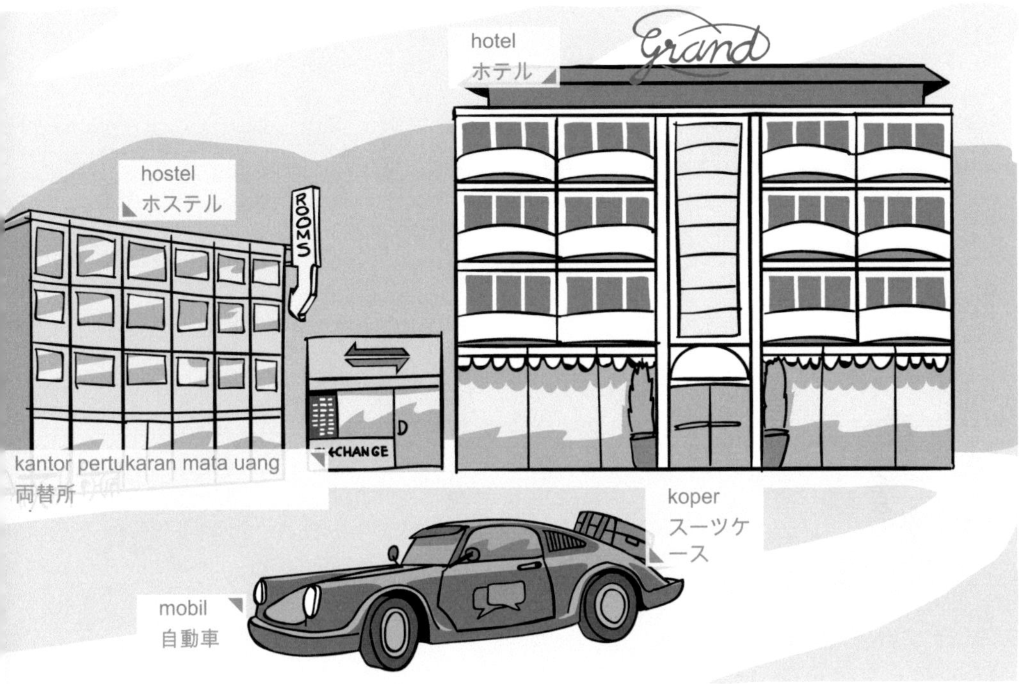

hotel
ホテル
Grand
hostel
ホステル
ROOMS
CHANGE
kantor pertukaran mata uang
両替所
koper
スーツケース
mobil
自動車

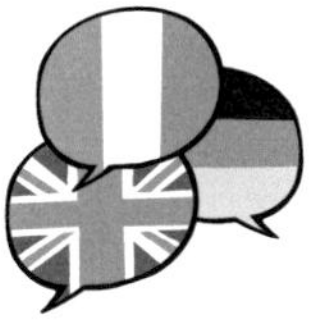

bahasa

言語

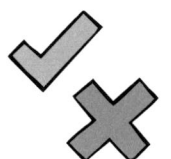

ya / tidak

はい / いいえ

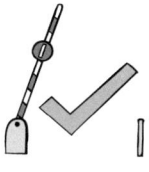

okay

問題ない

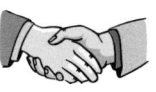

hallo

ハロー

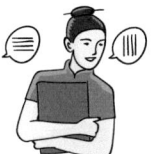

penerjemah

翻訳者

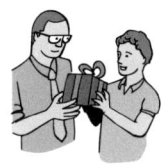

terima kasih

ありがとう

Berapa harganya…?

…はいくらですか？

saya tidak mengerti

わかりません

masalah

問題

Selamat malam!

こんばんは！

Selamat siang!

おはようございます！

Selamat tidur!

おやすみなさい！

sampai jumpa

さようなら

arah

方向

bagasi

手荷物

tas

バッグ

ransel

リュックサック

tamu

お客様

ruang

部屋

kantong tidur

寝袋

tenda

テント

informasi wisata

旅行者情報

pantai

ビーチ

kartu kredit

クレジットカード

sarapan

朝食

makan siang

昼食

makan malam

夕食

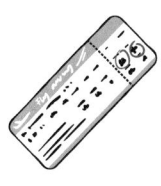

tiket

チケット

elevator

エレベーター

perangko

スタンプ

perbatasan

境界

cukai

税関

kedutaan

大使館

visa

ビザ

paspor

パスポート

transportasi
輸送

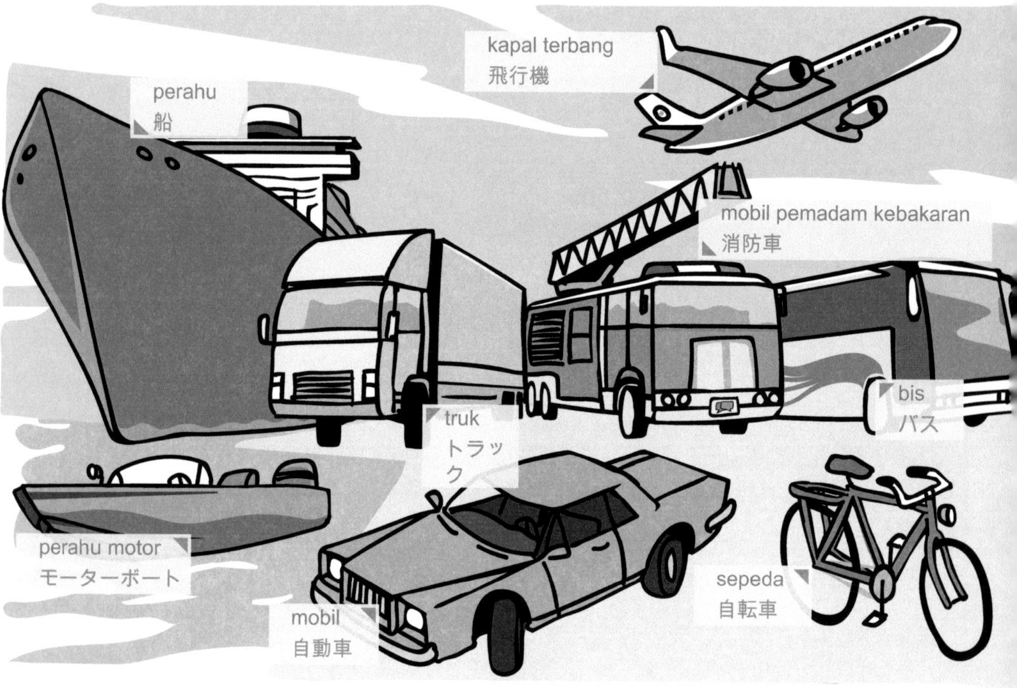
kapal terbang
飛行機
perahu
船
mobil pemadam kebakaran
消防車
bis
バス
truk
トラック
perahu motor
モーターボート
sepeda
自転車
mobil
自動車

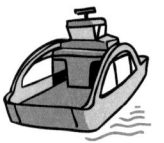

feri

フェリー

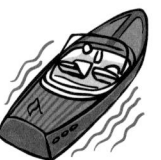

perahu

ボート

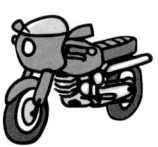

sepeda motor

バイク

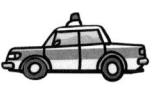

mobil polisi

パトカー

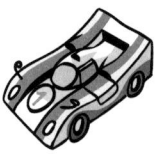

mobil balapan

レーシングカー

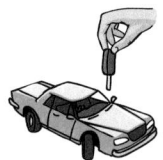

mobil sewa

レンタカー

berbagi mobil

カーシェアリング

truk derek

レッカー車

truk sampah

ごみ収集車

motor

モーター

bahan bakar

燃料

bensin

ガソリンスタンド

tanda lalulintas

交通標識

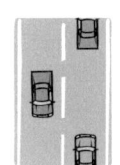

lalulintas

交通

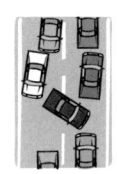

macet

渋滞

parkir mobil

駐車場

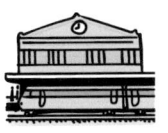

stasiun kereta

駅

trek

道

kereta api

列車

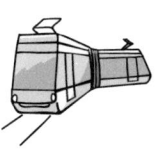

tram

路面電車

gerobak

車両

helikopter

ヘリコプター

bendara

空港

menara

タワー

penumpang

乗客

container

コンテナ

karton

段ボール箱

troli

カート

keranjang

カゴ

berangkat / mendarat

離陸 / 着陸

kota

都市

desa

村

pusat kota

都心

rumah

家

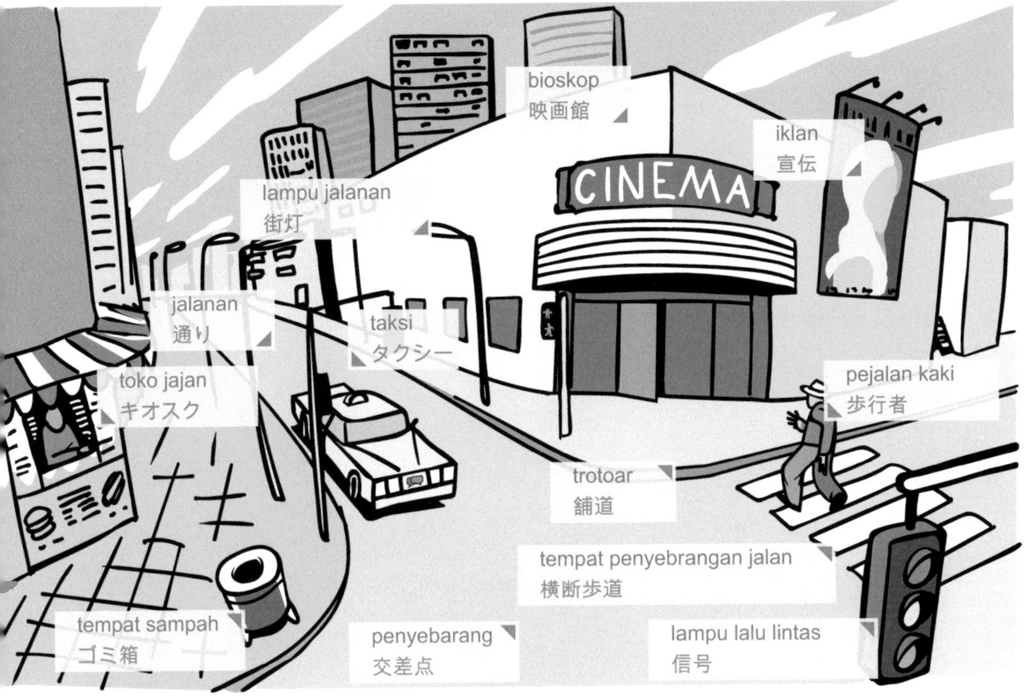

bioskop
映画館
iklan
宣伝
CINEMA
lampu jalanan
街灯
jalanan
通り
taksi
タクシー
toko jajan
キオスク
pejalan kaki
歩行者
trotoar
舗道
tempat penyebrangan jalan
横断歩道
tempat sampah
ゴミ箱
penyebarang
交差点
lampu lalu lintas
信号

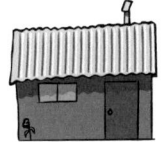

gubuk

小屋

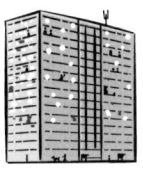

rumah flat

アパート

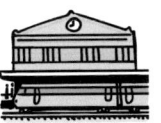

stasiun kereta

駅

balai kota

市役所

MUSEUM

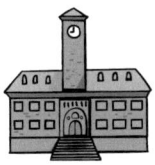

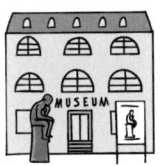

museum

美術館

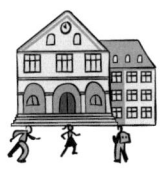

sekolah

学校

universitas

大学

bank

銀行

rumah sakit

病院

hotel

ホテル

farmasi

薬局

kantor

オフィス

toko buku

書店

toko

ショップ

toko bunga

花屋

supermarket

スーパーマーケット

pasar

市場

toko serba ada

デパート

nelayan

魚屋

pusat belanja

ショッピングセンター

pelabuhan

港

taman

公園

banku

ベンチ

jembatan

橋

tangga

階段

kereta bawah tanah

地下鉄

terowongan

トンネル

pemberhantian bis

バス停

bar

バー

restauran

レストラン

kotak surat

ポスト

tanda jalan

道路標識

meteran parkir

パーキングメーター

kebun binatang

動物園

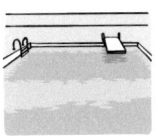

kolam renang

スイミングプール

mesjid

モスク

pertanian

農場

polusi

汚染

kuburan

墓地

gereja

教会

tempat bermain

遊び場

pura

寺

pemandangan

風景

daun
葉

penunjuk arah
道標

jalanan
道

padang rumput
草地

batu
石

pohon
木

pejalak kaki
ハイカー

sungai
川

rumput
草

bunga
花

lembah

谷

bukit

山

danau

湖

hutan

森

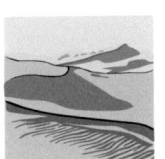

padang gurun

砂漠

gunung berapi

火山

istana

城

pelangi

虹

jamur

キノコ

pohon palem

ヤシの木

nyamuk

蚊

lalat

ハエ

semut

蟻

lebah

ミツバチ

laba-laba

クモ

kumbang

カブトムシ

kodok

蛙

tupai

リス

landak

ハリネズミ

kelinci

ウサギ

burung hantu

フクロウ

burung

鳥

angsa

白鳥

babi jantan

雄豚

rusa

鹿

rusa

ヘラジカ

bendungan

ダム

turbin angin

風力タービン

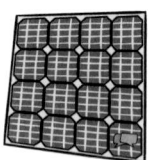

panel surya

ソーラーパネル

iklim

気候

restauran
レストラン

pelayan
ウェイター
daftar makanan
メニュー
kursi
椅子
sup
スープ
pizza
ピザ
peralatan makan
刃物類
taplak
テーブルクロス

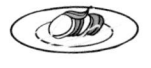

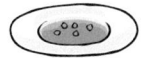

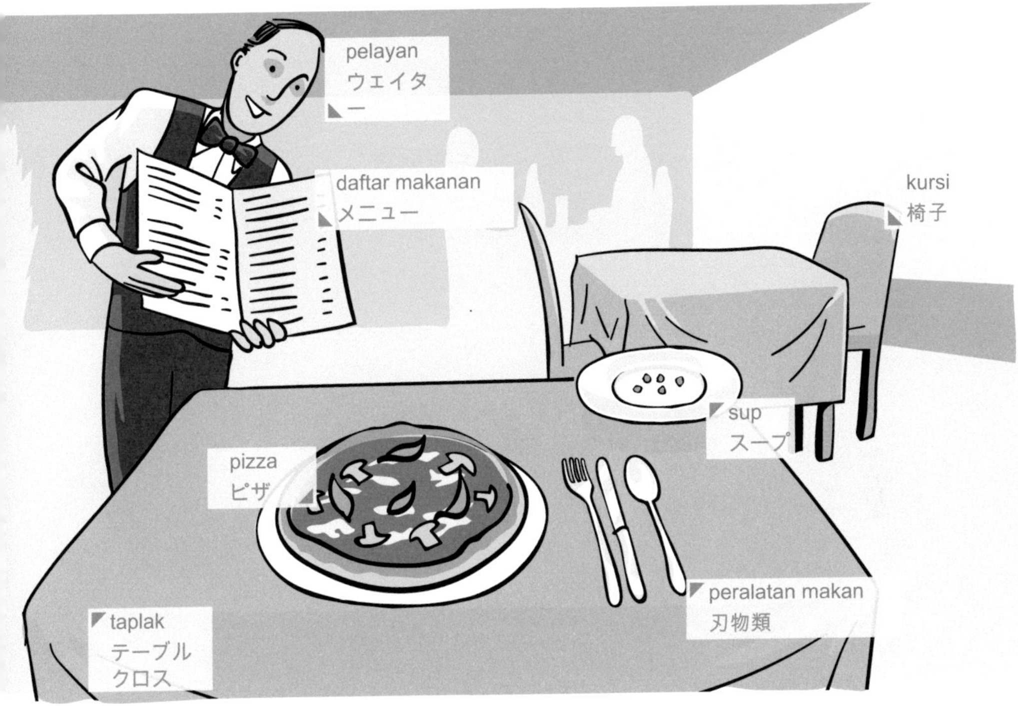

hindangan pembuka

前菜

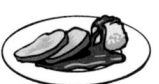

hidangan utama

メインコース

hidangan penutup

デザート

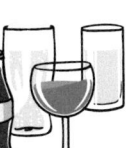

minuman

飲み物

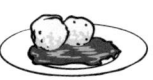

makanan

食べ物

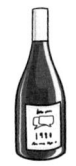

botol

ボトル

fastfood

ファストフード

masakan jalanan

屋台の食べ物

teko teh

ティーポット

kaleng gula

砂糖入れ

porsi

一人前

mesin espresso

エスプレッソマシン

kursi tinggi

幼児用食事椅子

tagihan

請求書

baki

トレー

pisau

ナイフ

garpu

フォーク

sendok

スプーン

sendok teh

ティースプーン

serbet

ナプキン

gelas

グラス

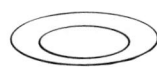

piring

皿

piring sup

スープ皿

lepek

受け皿

saus

ソース

tempat garam

塩入れ

gilingan merica

ペッパーミル

cuka

酢

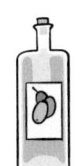

minyak

油

bumbu

スパイス

saus tomat

ケチャップ

mustar

マスタード

mayones

マヨネーズ

supermarket
スーパーマーケット

penawaran khusus
特価品
FOR
klien
顧客
produk susu
乳製品
buah
果物
troli
ショッピング
・カート

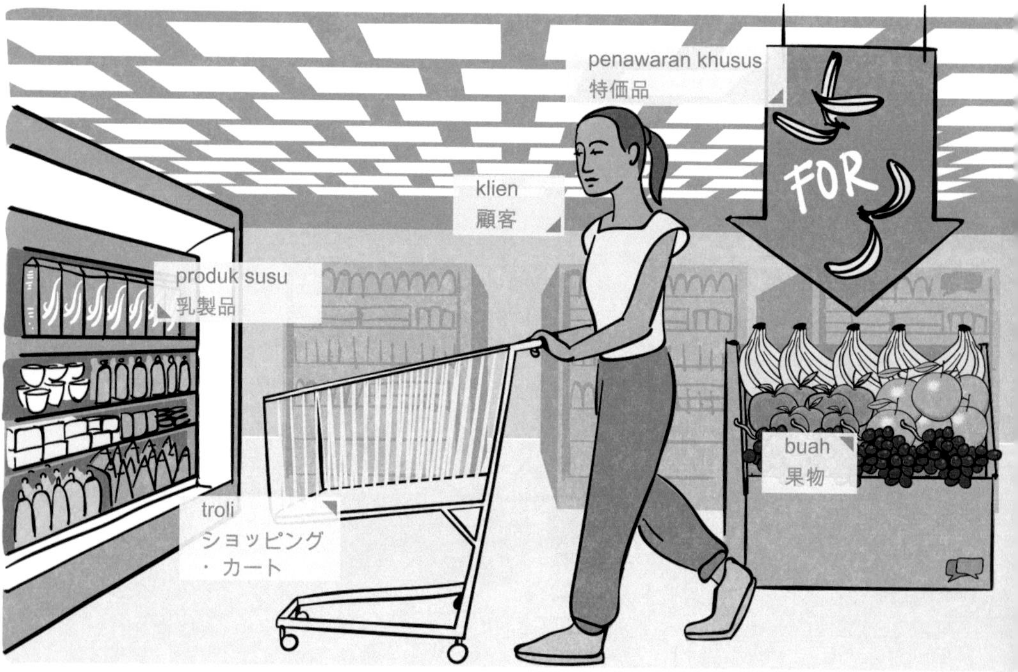

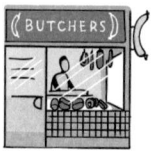

BUTCHERS

pembantai

肉屋

BAKERY

toko roti

パン屋

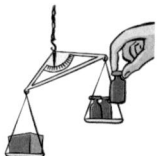

menimbang

重さをはかる

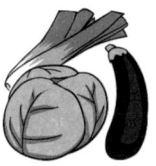

sayur

野菜

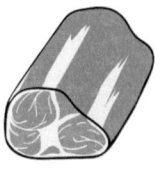

daging

肉

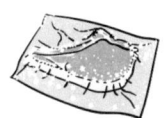

makanan beku

冷凍食品

pemotongan dingin

冷肉の薄切り

makanan kaleng

缶詰食品

sabun serbuk

洗剤

permen

菓子

alat-alat rumah tangga

家庭用品

obat pembersihan

清掃用品

penjual

販売員

kasa

現金箱

kasir

レジ係

daftar belanja

買い物リスト

jam buka

開館時刻

dompet

財布

kartu kredit

クレジットカード

tas

バッグ

kantong plastik

ポリ袋

air

水

jus

ジュース

susu

牛乳

cola

コーラ

anggur

ワイン

bir

ビール

alkohol

アルコール

coklat

ココア

teh

紅茶

kopi

コーヒー

espresso

エスプレッソ

cappucino

カプチーノ

pisang

バナナ

apel

リンゴ

jeruk

オレンジ

semangka

メロン

jeruk lemon

レモン

wortel

ニンジン

bawang putih

ニンニク

bambu

竹

bawang bombai

玉ねぎ

jamur

キノコ

kacang

ナッツ

mi

ヌードル

spagetti

スパゲッティ

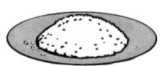

nasi

米

salat

サラダ

kentang goreng

フライドポテト

kentang goreng

フライドポテト

pizza

ピザ

hamburger

ハンバーガー

sandwich

サンドウィッチ

sayatan

カツレツ

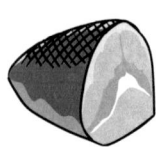

ham

ハム

salami

サラミ

sosis

ソーセージ

ayam

鶏肉

menggoreng

焼き

ikan

魚

bubur gandum

麦のお粥

sereal

ムーズリ

cornflakes

コーンフレーク

tepung

小麦粉

croissant

クロワッサン

roti

ロールパン

roti

パン

toast

トースト

biskuit

ビスケット

mentega

バター

dadih

カッテージチーズ

kue

ケーキ

telur

卵

telur goreng

目玉焼き

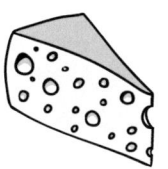

keju

チーズ

eskrim

アイスクリーム

gula

砂糖

madu

はちみつ

selai

ジャム

krim nugat

ヌガークリーム

kare

カレー

pertanian
農場

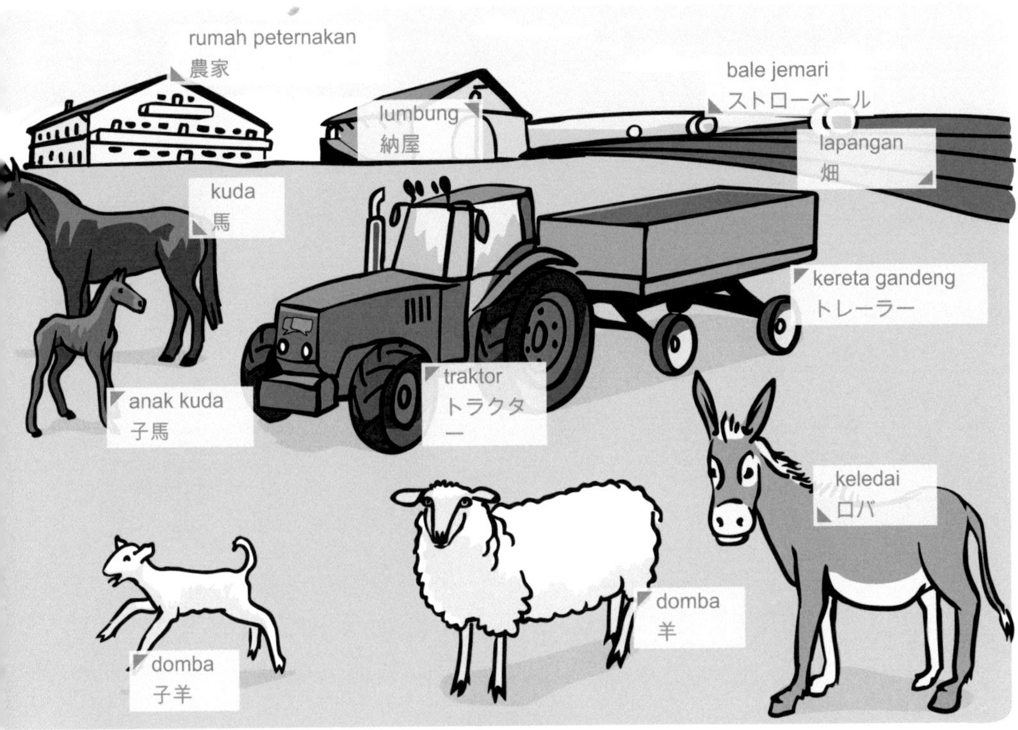

rumah peternakan
農家
bale jemari
ストローベール
lumbung
納屋
lapangan
畑
kuda
馬
kereta gandeng
トレーラー
traktor
トラクター
anak kuda
子馬
keledai
ロバ
domba
羊
domba
子羊

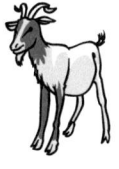

kambing

ヤギ

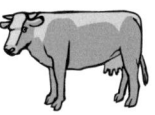

sapi

雌牛

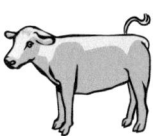

betis

子牛

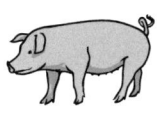

babi

豚

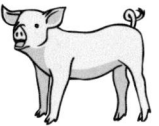

celeng

子豚

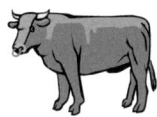

banteng

雄牛

angsa

ガチョウ

bebek

アヒル

anak ayam

ひよこ

ayam

にわとり

ayam jantan

おんどり

tikus

ネズミ

kucing

猫

tikus

ねずみ

lembu

雄牛

anjing

犬

rumah anjing

犬小屋

selang

散水ホース

penyiram

じょうろ

sabit

大鎌

bajak

すき

sabit

草刈り鎌

cangkul

くわ

garpu rumput

堆肥用フォーク

kapak

斧

gerobak

手押し車

palung

かいばおけ

kaleng susu

牛乳缶

karung

袋

pagar

フェンス

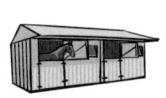

kandang

畜舎

rumah kaca

温室

tanah

土壌

benih

種

pupuk

肥料

mesin pemanen

コンバイン

panen

収穫する

panen

収穫

yams

ヤマイモ

gandum

小麦

kedelai

大豆

kentang

じゃがいも

jagung

トウモロコシ

lobak

菜種

pohon buah

果樹

singkong

キャッサバ

sereal

穀物

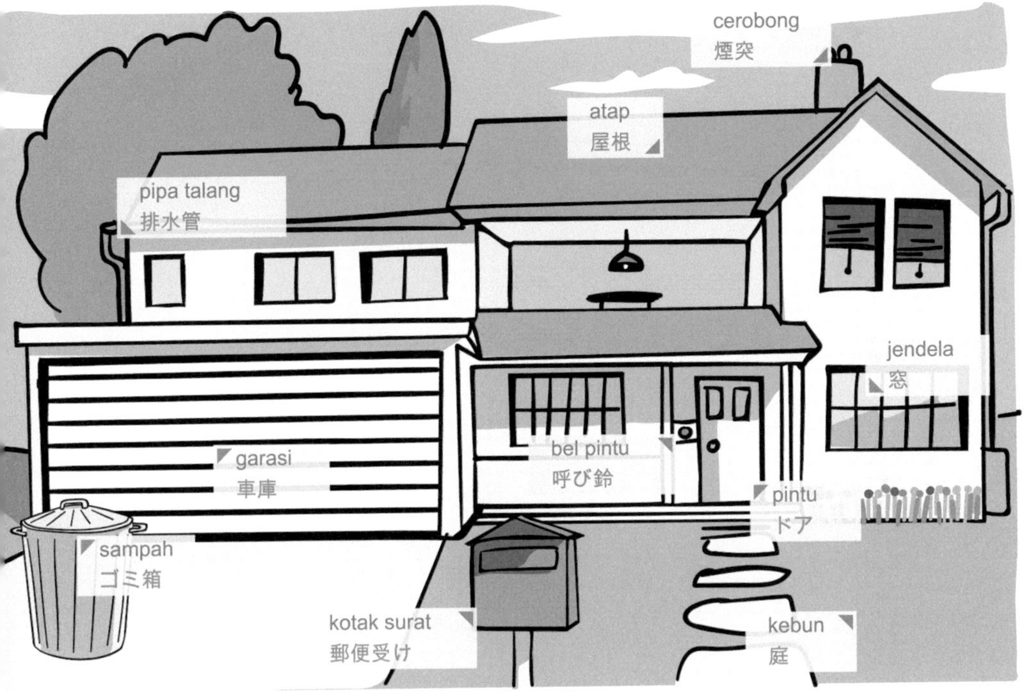

cerobong
煙突

atap
屋根

pipa talang
排水管

jendela
窓

garasi
車庫

bel pintu
呼び鈴

pintu
ドア

sampah
ゴミ箱

kotak surat
郵便受け

kebun
庭

ruang tamu

リビングルーム

kamar mandi

浴室

dapur

台所

kamar tidur

寝室

kamar anak

子供部屋

kamar makan

ダイニング・ルーム

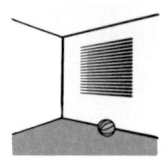

lantai

床

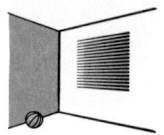

tembok

壁

atap

天井

gudang di bawah tanah

地下貯蔵庫

sauna

サウナ

balkon

バルコニー

teras

テラス

kolam renang

プール

mesin pemotong rumput

芝刈り機

sprei

シーツ

selimut

ベッドカバー

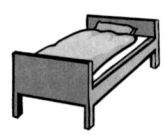

tempat tidur

ベッド

sapu

ほうき

ember

バケツ

tombol

スイッチ

ruang tamu
リビングルーム

kertas dinding
壁紙
gambar
絵
lampu
ランプ
rak
棚
kabinet
食器棚
televisi
テレビ
perapian
暖炉
bunga
花
bantal
クッション
sofa
ソファ
vas
花瓶
remote control
リモコン

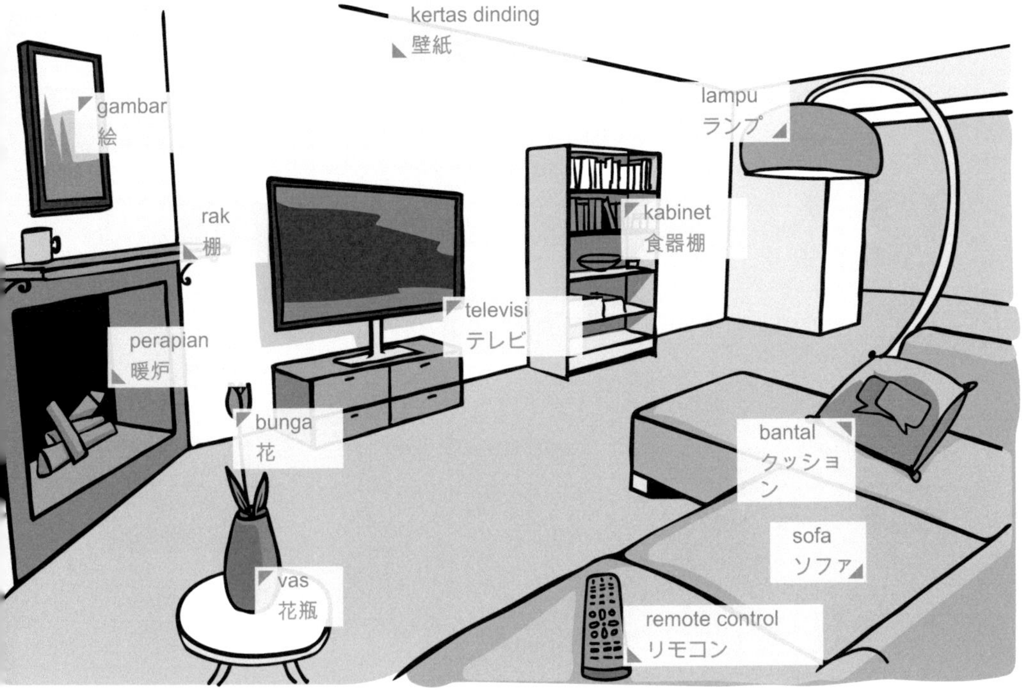

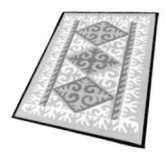

karpet

カーペット

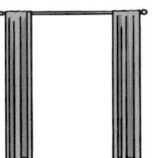

korden

カーテン

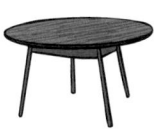

meja

テーブル

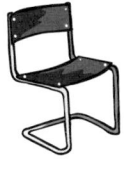

kursi

椅子

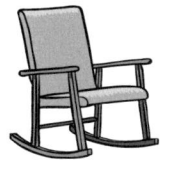

kursi goyang

ロッキングチェア

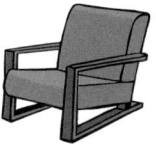

kursi malas

ひじ掛け椅子

buku

本

selimut

毛布

dekorasi

飾り

kayu bakar

たきぎ

filem

映画

hi-fi

ステレオ

kunci

鍵

koran

新聞

lukisan

絵画

poster

ポスター

radio

ラジオ

buku tulis

メモ帳

penyedot debu

掃除機

kaktus

サボテン

lilin

ろうそく

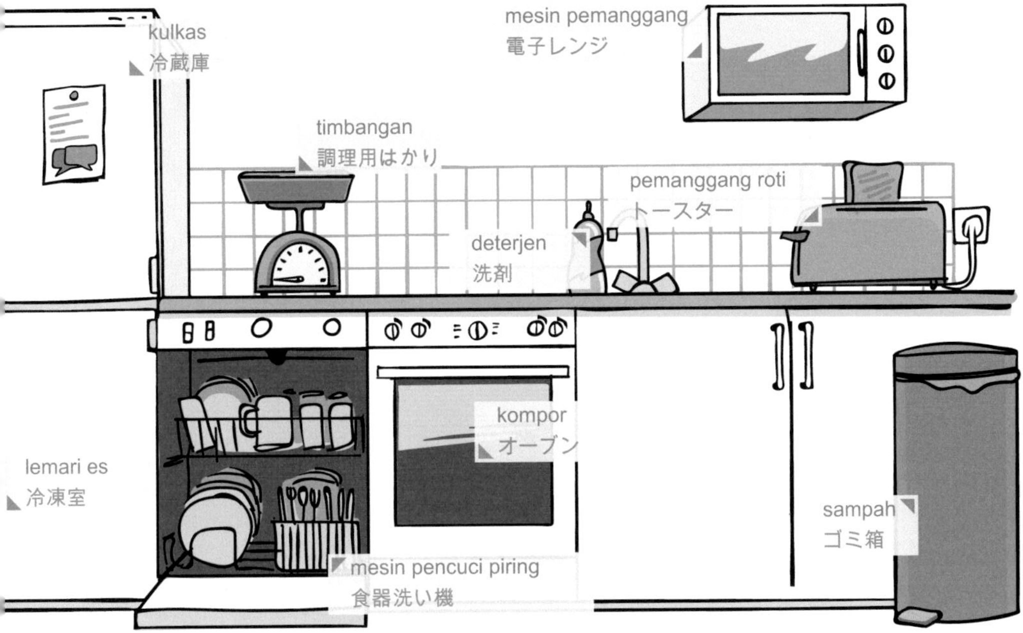

kulkas
冷蔵庫

mesin pemanggang
電子レンジ

timbangan
調理用はかり

pemanggang roti
トースター

deterjen
洗剤

kompor
オーブン

lemari es
冷凍室

sampah
ゴミ箱

mesin pencuci piring
食器洗い機

kompor

こんろ

panci

鍋

panci besi

鉄鍋

wajan

中華鍋/ カダイ鍋

panci

フライパン

pemanas air

やかん

panci pengukus makanan

蒸し器

nampan

天板

piring

食器

cangkir

マグカップ

mangkok

ボウル

sumpit

箸

sendok sup

おたま

sudip

へら

mengocok

泡立て器

saringan

こし器

saringan

ふるい

parutan

すりおろし器

mortir

すり鉢

barbeque

バーベキュー

api terbuka

かまど

papan memotong

まな板

gilingan

麺棒

alat pembuka botol

栓抜き

kaleng

缶

pembuka kaleng

缶切り

pegangan panci

鍋つかみ

wastafel

流し

sikat

ブラシ

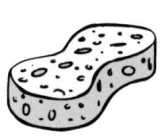

busa

スポンジ

mesin pencampur

ミキサー

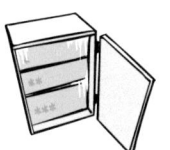

lemari es

冷凍庫

botol bayi

哺乳瓶

keran

蛇口

kamar mandi

浴室

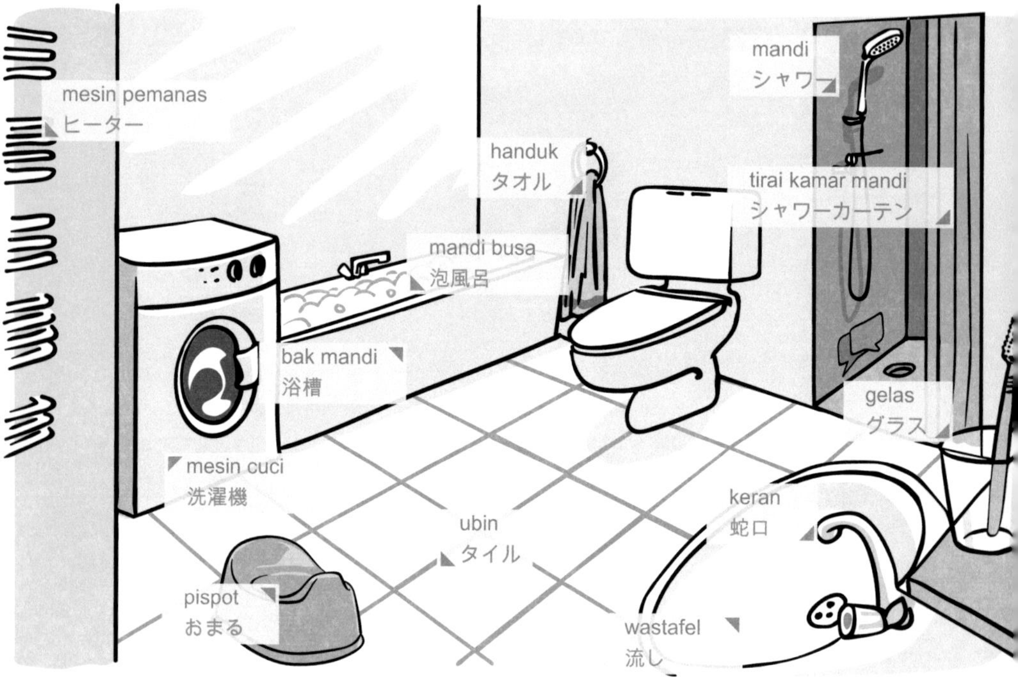
mandi
シャワー
mesin pemanas
ヒーター
handuk
タオル
tirai kamar mandi
シャワーカーテン
mandi busa
泡風呂
bak mandi
浴槽
gelas
グラス
mesin cuci
洗濯機
keran
蛇口
ubin
タイル
pispot
おまる
wastafel
流し

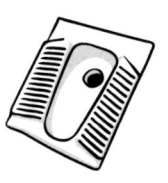

toilet

トイレ

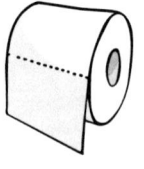

toilet jongkok

和式トイレ

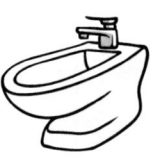

bidet

ビデ

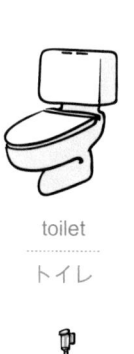

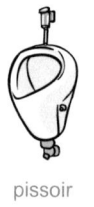

pissoir

小便器

kertas toilet

トイレットペーパー

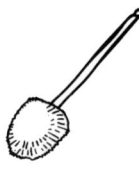

sikat toilet

トイレブラシ

sikat gigi

歯ブラシ

pasta gigi

歯みがき

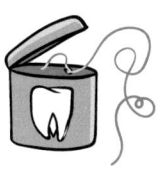

benang gigi

デンタルフロス

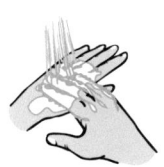

menyuci

洗う

pancuran tangan

シャワーヘッド

pancuran

ハンドビデ

bak

洗面台

sikat punggung

ボディブラシ

sabun

石鹸

gel mandi

シャワー用ジェル

sampo

シャンプー

planel

浴用タオル

kuras

排水口

krim

クリーム

deodoran

消臭

kaca

鏡

cermin tangan

手鏡

pisau cukur

かみそり

busa cukur

シェービング・フォーム

aftershave

アフターシェーブローション

sisir

櫛

sikat

ブラシ

alat pengering rambut

ドライヤー

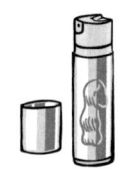

semprot rambut

ヘアスプレー

makeup

化粧

lipstik

口紅

cat kuku

マニキュア

kapas

脱脂綿

gunting kuku

爪切り

minyak wangi

香水

kantong pencuci

洗面用具入れ

bangku

スツール

timbangan

体重計

mantel mandi

バスローブ

sarung tangan karet

ゴム手袋

tampon

タンポン

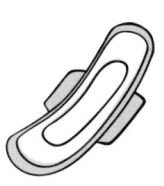

handuk pembalut

生理用ナプキン

toilet kimia

ケミカルトイレ

kamar anak

子供部屋

jam alarm
目覚まし時計
boneka tidur
ぬいぐるみ
mobil-mobilan
おもちゃの自動車
kelintung
がらがら
rumah boneka
ドール・ハウス
kado
プレゼント

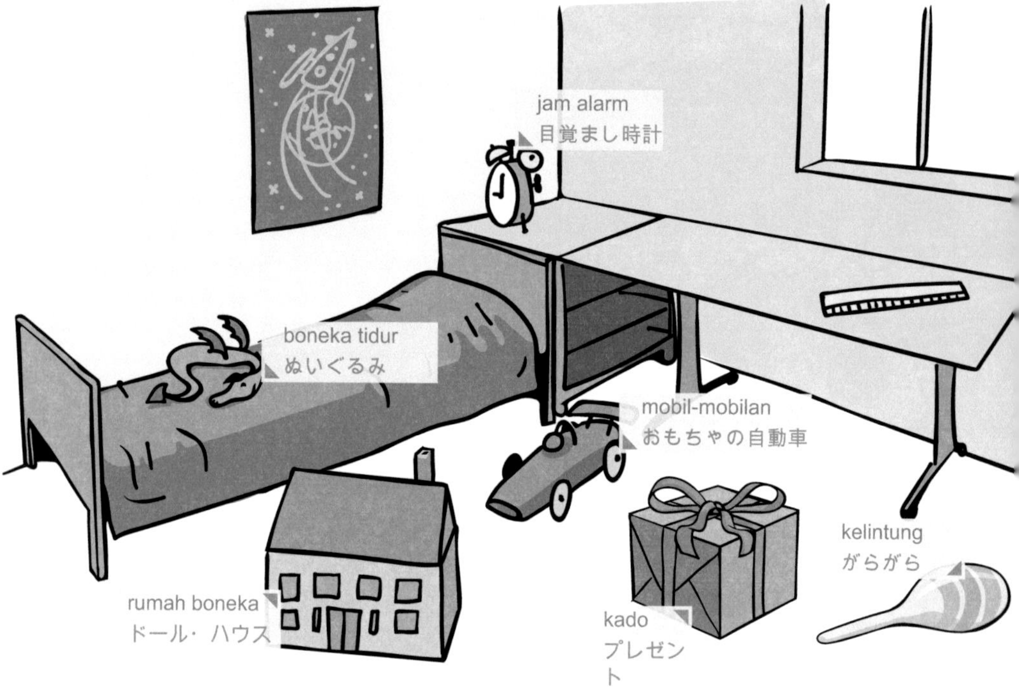

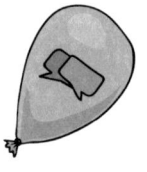

balon

風船

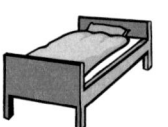

tempat tidur

ベッド

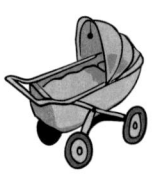

kereta bayi

ベビーカー

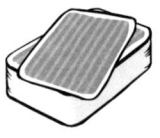

mainan kartu

カードゲーム

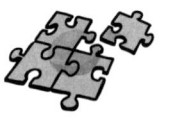

teka-teki

ジグソーパズル

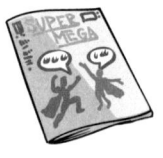

komik

漫画

mainan lego

レゴ

blok mainan

玩具ブロック

figur aksi

アクションフィギュア

baju monyet

ロンパース

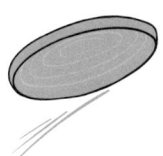

frisbee

フリスビー

mobile

モバイル

permainan papan

ボードゲーム

dadu

さいころ

set model kreta api

鉄道模型

dot

おしゃぶり

pesta

パーティー

buku gambar

絵本

bola

ボール

boneka

人形

bermain

遊ぶ

tempat main pasir

砂場

ayunan

ブランコ

mainan

おもちゃ

video game konsol

ゲーム機

sepeda roda tiga

三輪車

teddy

テディベア

lemari pakaian

衣装ダンス

pakaian

衣服

kaos kaki

靴下

kaos kaki

ストッキング

baju ketat

タイツ

syal
スカーフ

sabuk
ベルト

payung
雨傘

kaos
Tシャツ

sepatu bot
ブーツ

sandal
スリッパ

sepatu
スニーカー

sandal
サンダル

sepatu
靴

sepatu bot karet
ゴム長靴

celana dalam
パンツ

BH
ブラ

baju rompi
ベスト

body

ボディースーツ

celana

ズボン

jeans

ジーンズ

rok

スカート

blus

ブラウス

kemeja

シャツ

aket berkerudung

セーター

sweater

パーカー

jaket

ブレザー

jaket

ジャケット

mantel

コート

jas hujan

レインコート

kostum

服装

gaun

ドレス

gaun pengantin

ウェディングドレス

setelan resmi

スーツ

gaun tidur

ナイトガウン

piyama

パジャマ

sari

サリー

jilbab

ヘッドスカーフ

turban

ターバン

burka

ブルカ

kaftan

カフタン

abaya

アバヤ

pakaian renang

水着

celana renang

トランクス

celana pendek

半ズボン

olah raga

スウェットスーツ

celemek

エプロン

sarung tangan

手袋

kancing

ボタン

kacamata

メガネ

gelang

ブレスレット

kalung

ネックレス

cincin

指輪

anting

イヤリング

topi

帽子

gantungan mantel

ハンガー

topi

帽子

dasi

ネクタイ

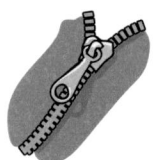

ritsleting

ファスナー

helm

ヘルメット

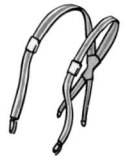

tali selempang

サスペンダー

seragam sekolah

制服

seragam

ユニフォーム

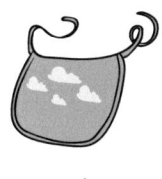

oto

よだれかけ

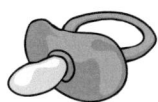

dot

おしゃぶり

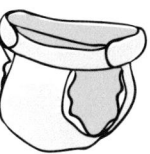

popok

おむつ

kantor

オフィス

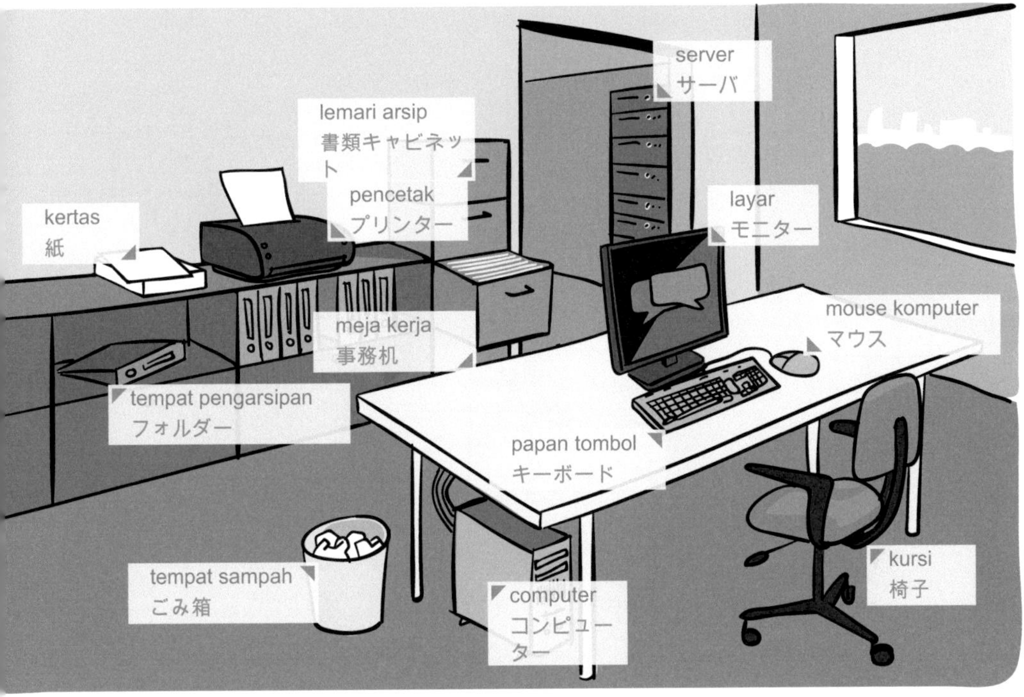
server
サーバ
lemari arsip
書類キャビネット
pencetak
プリンター
kertas
紙
layar
モニター
mouse komputer
マウス
meja kerja
事務机
tempat pengarsipan
フォルダー
papan tombol
キーボード
kursi
椅子
tempat sampah
ごみ箱
computer
コンピューター

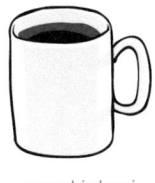

cangkir kopi

コーヒーマグ

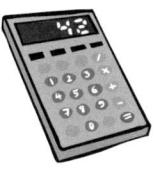

kalkulator

計算機

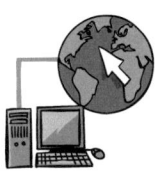

internet

インターネット

laptop

ラップトップ

surat

手紙

pesan

メッセージ

telepon seluler

携帯電話

jaringan

ネットワーク

fotokopi

コピー機

software

ソフトウェア

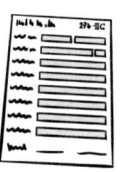

telepon

電話

plug soket

コンセント

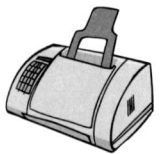

mesin fax

ファックス

formulir

フォーム

dokumen

書類

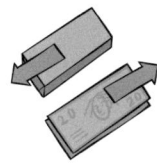

membeli

買う

membayar

支払う

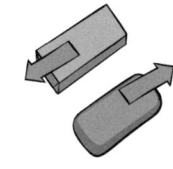

berdagang

取引する

uang

お金

Dollar

ドル

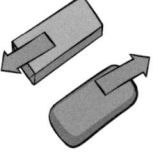 

Euro

ユーロ

Yen

円

Rubel

ルーブル

Franc Swiss

スイスフラン

Renminbi Yuan

人民元

Rupiah

ルピー

ATM

キャッシュポイント

kantor pertukaran mata uang

両替所

emas

金

perak

銀

minyak

油

energi

エネルギー

harga

価格

kontrak

契約

pajak

税金

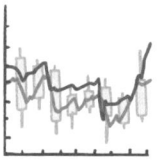

saham

株

bekerja

働く

karyawan

従業員

majikan

雇用主

pabrik

工場

toko

ショップ

pekerjaan

職業

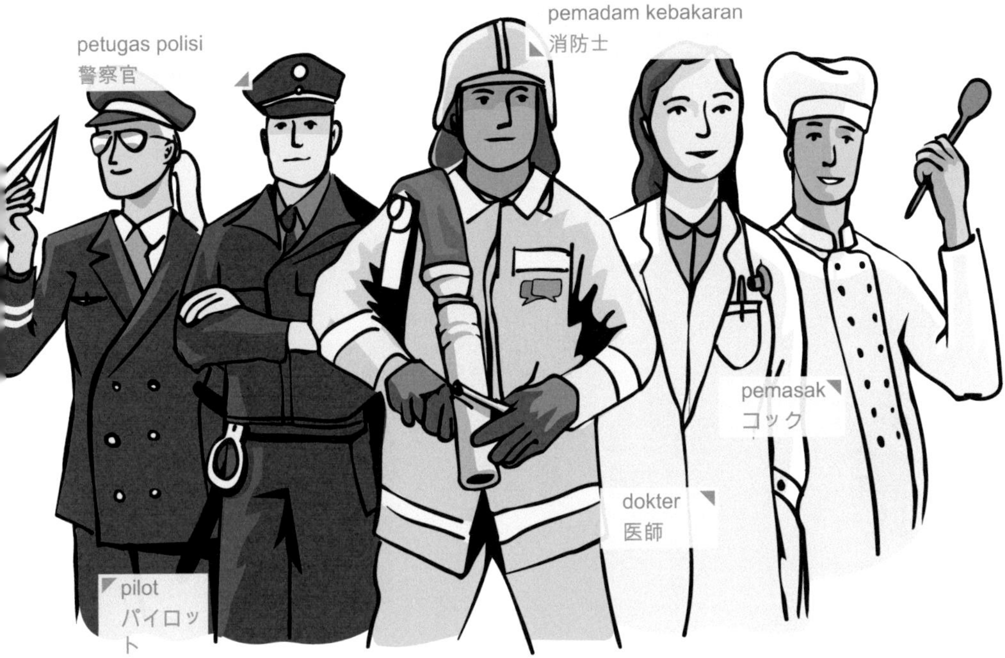
pemadam kebakaran
消防士
petugas polisi
警察官
pemasak
コック
dokter
医師
pilot
パイロット

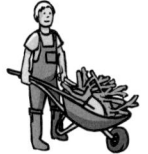

tukan kebun

庭師

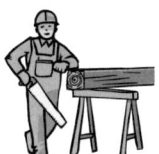

tukang kayu

大工

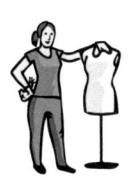

penjahit wanita

お針子

hakim

裁判官

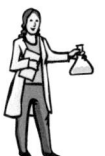

ahli kimia

化学者

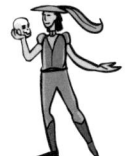

aktor

俳優

sopir bis

バスの運転手

sopir taksi

タクシー運転手

nelayan

漁師

pembantu

掃除婦

tukang atap

屋根ふき職人

pelayan

ウェイター

pemburu

ハンター

pelukis

塗装工

tukang roti

パン屋

tukang listrik

電気工

pembangun

建設作業員

insinyur

エンジニア

tukang daging

肉屋

tukang ledeng

配管工

tukang pos

郵便配達人

tentara

軍人

arsitek

建築家

kasir

レジ係

penjual bunga

花屋

penata rambut

美容師

konduktor

車掌

montir

機械工

kapten

キャプテン

dokter gigi

歯科医

ilmuwan

科学者

rabbi

ラビ

imam

イスラム導師

biarawan

修道士

pendeta

牧師

alat
道具

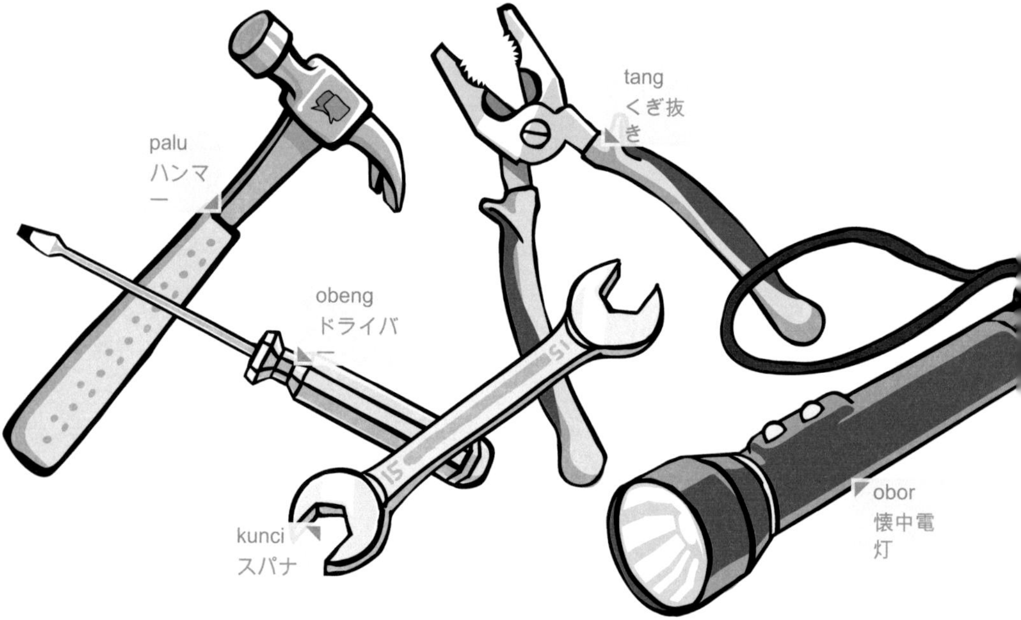

palu
ハンマー
tang
くぎ抜き
obeng
ドライバー
kunci
スパナ
obor
懐中電灯

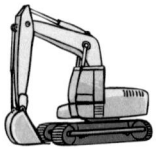

penggali

掘削機

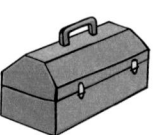

tas perkakas

道具箱

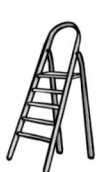

tangga

はしご

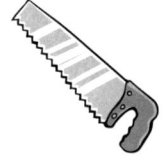

gergaji

のこぎり

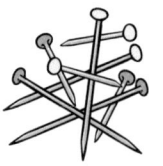

paku

釘

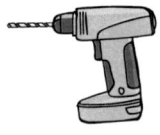

bor

ドリル

perbaikan

修理する

sekop

シャベル

Sialan!

クソ！

cikrak

ちりとり

pot cat

ペンキ缶

sekrup

ネジ

alat musik
楽器

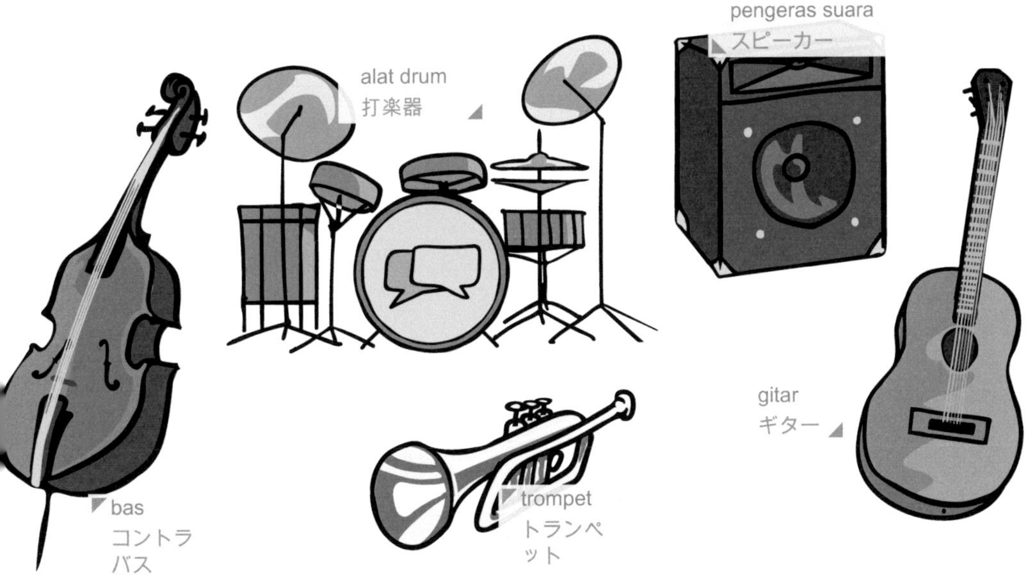

alat drum
打楽器 ◀

pengeras suara
スピーカー

gitar
ギター ◀

▼ bas
コントラ
バス

trompet
トランペ
ット

piano

ピアノ

violin

バイオリン

bass

バス

tambur

ティンパニ

drum

ドラム

keyboard

キーボード

saksofon

サックス

suling

フルート

mikrofon

マイクロフォン

kebun binatang
動物園

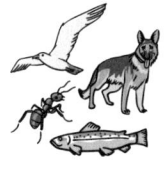

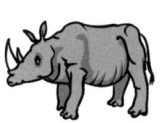

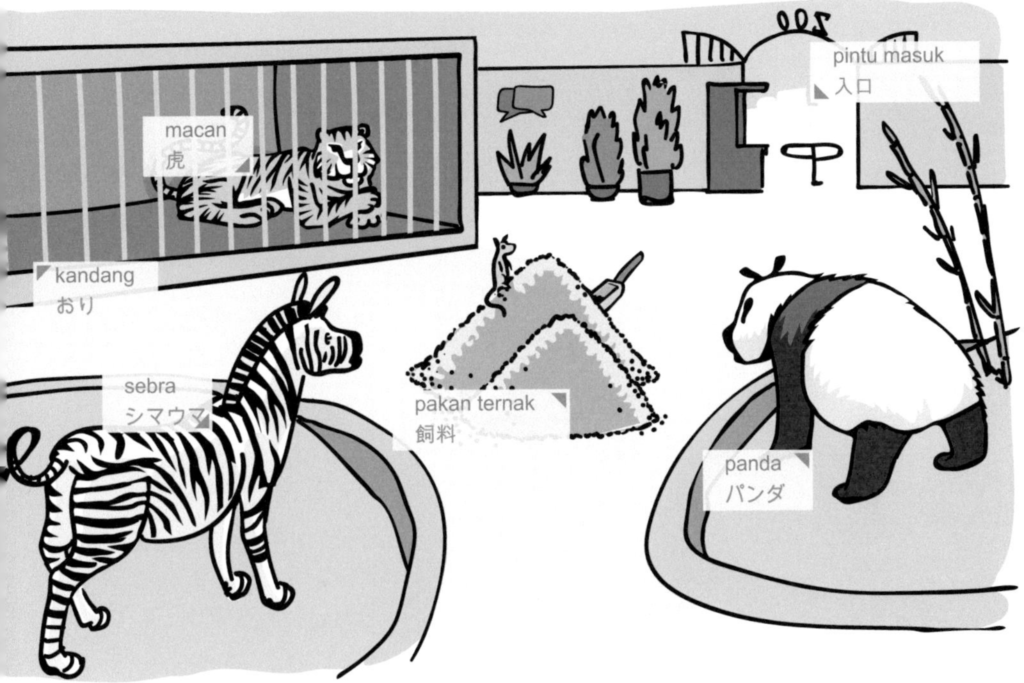

zoo
pintu masuk
入口
macan
虎
kandang
おり
sebra
シマウマ
pakan ternak
飼料
panda
パンダ

hewan
動物

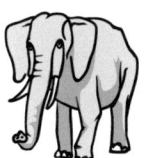

gajah
象

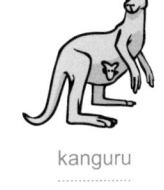

kanguru
カンガルー

badak
サイ

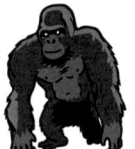

gorila
ゴリラ

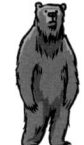

beruang
熊

unta

ラクダ

burung unta

ダチョウ

singa

ライオン

monyet

猿

flamingo

フラミンゴ

burung beo

オウム

beruang polar

白クマ

penguin

ペンギン

hiu

サメ

merak

クジャク

ular

蛇

buaya

ワニ

penjaga kebun binatang

飼育係

segel

アザラシ

jaguar

ジャガー

kuda poni

ポニー

macan tutul

ヒョウ

kuda nil

カバ

jerapah

キリン

burung elang

鷲

babi jantan

雄豚

ikan

魚

kura-kura

亀

anjing laut

セイウチ

rubah

狐

kijang

ガゼル

american football
アメフト

naik sepeda
サイクリング

tennis
テニス

basketbal
バスケットボ
ール

bernang
水泳

hoki es
アイスホ
ッケー

tinju
ボクシン
グ

sepak bola
サッカー

badminton
バドミントン

atletik
陸上競技

bola tangan
ハンドボール

main ski
スキー

polo
ポロ

meloncat
跳ぶ

memeluk
抱きしめる

ketawa
笑う

berjalan
歩く

menyanyi
歌う

mengimpi
夢見る

berdoa
祈る

mencium
キス

menulis
書く

melukis
描く

menunjuk
示す

mendorong
押す

memberikan
与える

mengambil
取る

mempunyai

持っている

melakukan

する

adalah

ある

berdiri

立つ

berlari

走る

menarik

引く

melempar

投げる

jatuh

落ちる

tidur

横たわっている

menunggu

待つ

membawa

運ぶ

duduk

座る

berpakaian

着る

tidur

眠る

bangun

目が覚める

melihat

見る

menangis

泣く

mengelus

なでる

menyisir

櫛ですく

berbicara

話す

mengerti

理解する

menanyak

質問する

mendengar

聞く

minum

飲む

makan

食べる

merapikan

片づける

cinta

愛する

memasak

料理する

menyetir

運転する

terbang

飛ぶ

aktivitas - 活動

berlayar

ヨットに乗る

menghitung

計算する

membaca

読む

belajar

学ぶ

bekerja

働く

menikah

結婚する

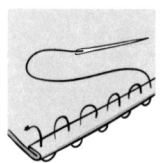

menjahit

縫う

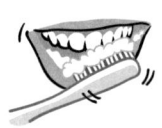

sikat gigi

歯を磨く

membunuh

殺す

merokok

喫煙する

kirim

送る

keluarga

家族

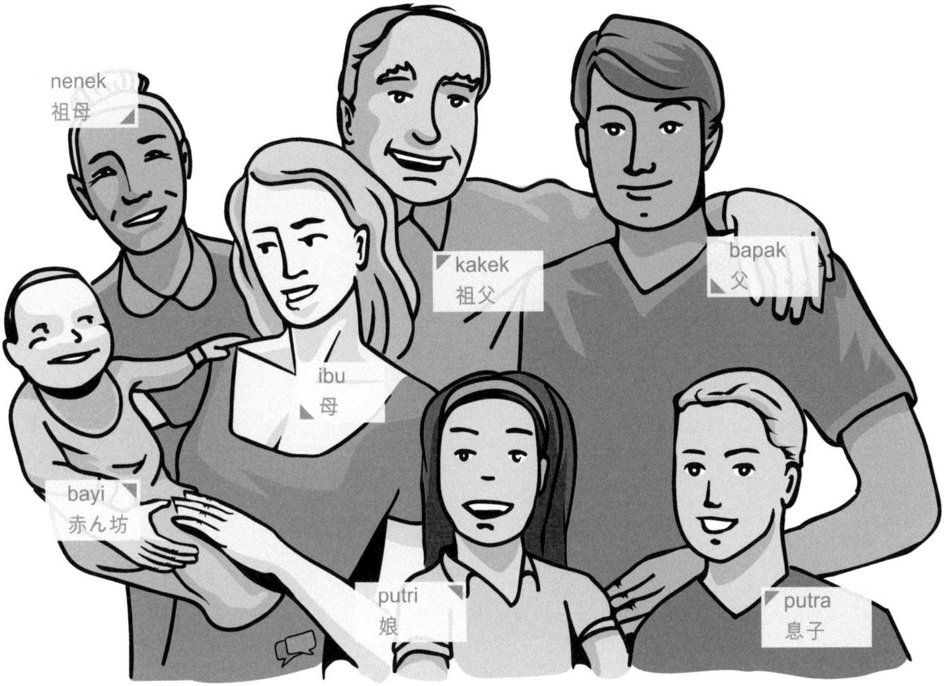

nenek
祖母
kakek
祖父
bapak
父
ibu
母
bayi
赤ん坊
putri
娘
putra
息子

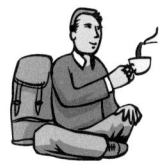

tamu

お客様

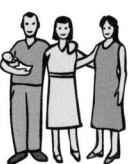

bibi

おば

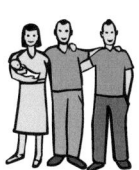

paman

おじ

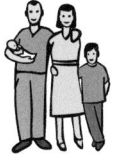

kakak laki

兄弟

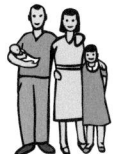

kakak perempuan

姉妹

badan
体

dahi
ひたい
mata
目
bahu
肩
jari
指
muka
顔
dagu
あご
tangan
手
kaki
脚
payudara
胸
lengan
腕

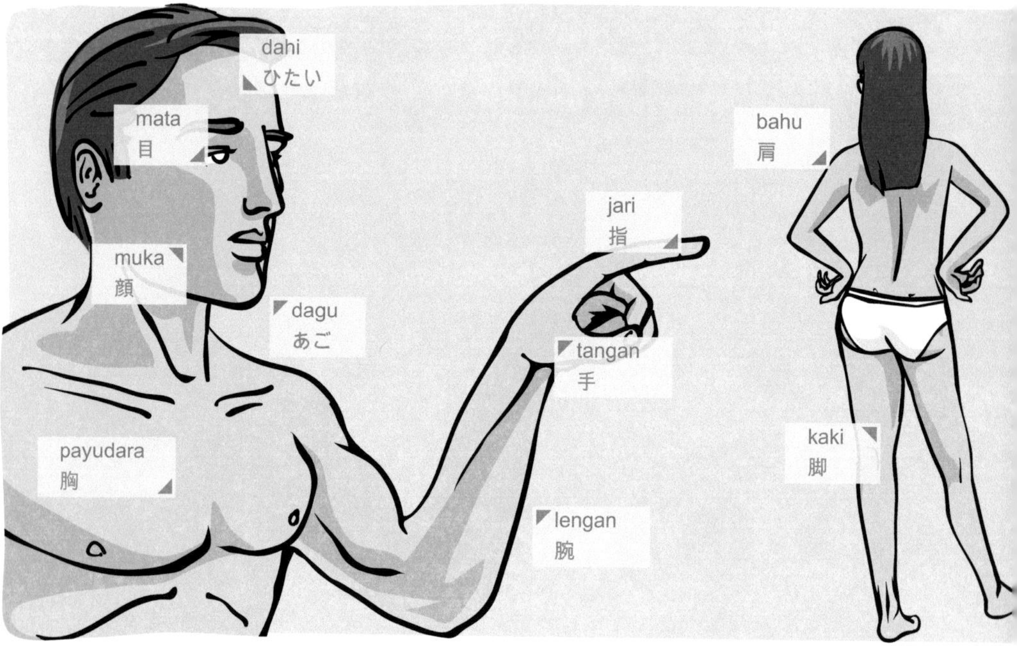

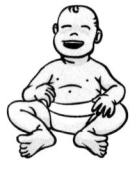

bayi
赤ん坊

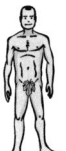

pria
男性

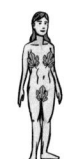

wanita
女性

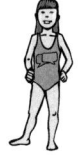

perempuan
少女

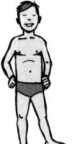

laki
少年

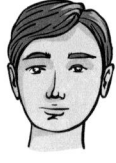

kepala
頭

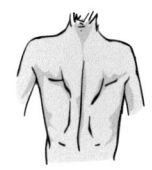

punggung

背中

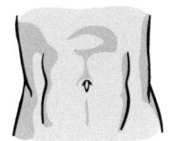

perut

腹

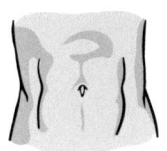

pusar

へそ

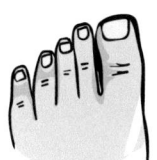

toe

足指

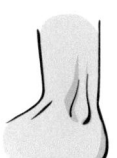

tumit

かかと

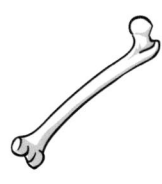

tulang

骨

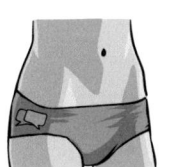

pinggang

腰

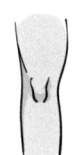

lutut

ひざ

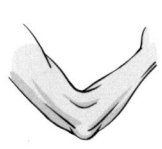

siku

ひじ

hidung

鼻

pantat

尻

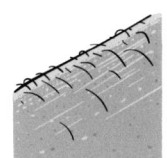

kulit

皮膚

pipi

頬

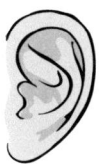

telinga

耳

bibir

唇

mulut

口

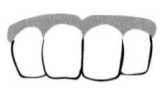

gigi

歯

lidah

舌

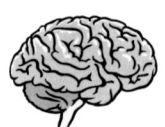

otak

脳

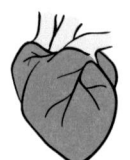

jantung

心臓

otot

筋肉

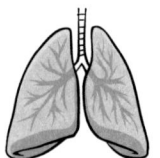

paru-paru

肺

hati

肝臓

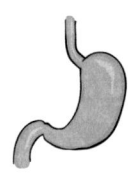

stomach

胃

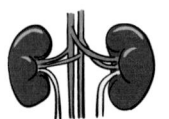

ginjal

腎臓

hubungan seks

セックス

kondom

コンドーム

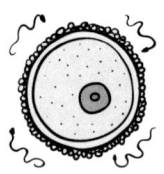

sel telur

卵細胞

sperma

精液

kehamilan

妊娠

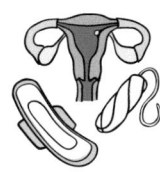

menstruasi

月経

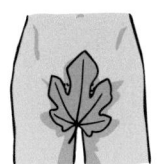

vagina

膣

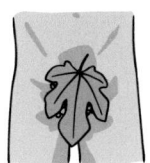

penis

ペニス

alis

眉

rambut

髪

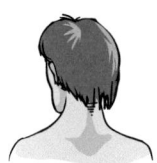

leher

首

rumah sakit
病院

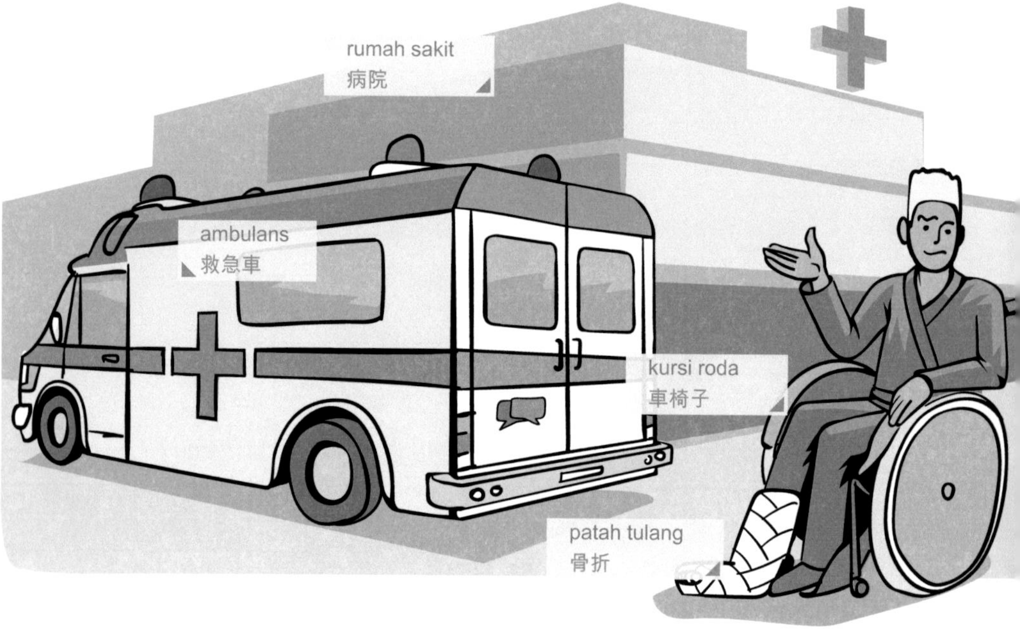

rumah sakit
病院

ambulans
救急車

kursi roda
車椅子

patah tulang
骨折

dokter

医師

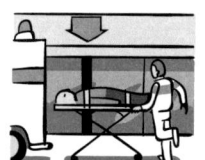

ruang darurat

救急治療室

perawat

看護師

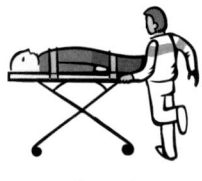

darurat

救急

semaput

失神

sakit

痛み

cedera

けが

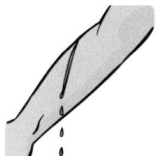

perdarahan

出血

serangan jantung

心臓発作

stroke

脳卒中

alergi

アレルギー

batuk

咳

demam

熱

flu

インフルエンザ

diare

下痢

sakit kepala

頭痛

kanker

癌

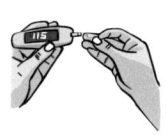

diabetes

糖尿病

ahli bedah

外科医

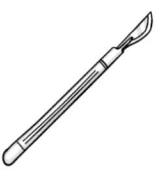

pisau bedah

外科用メス

operasi

手術

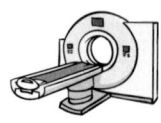

CT

CT

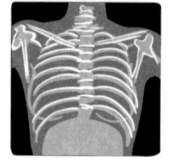

sinar x

レントゲン

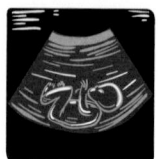

usg

超音波

topeng

マスク

penyakit

病気

ruang tunggu

待合室

penyokong

松葉づえ

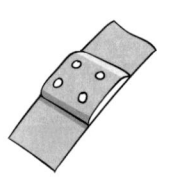

plester

ばんそうこう

perban

包帯

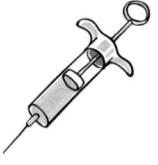

injeksi

注射

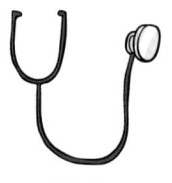

stetoskop

聴診器

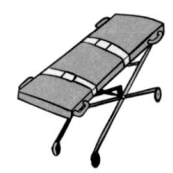

usungan

担架

termometer klinis

体温計

kelahiran

出産

kelebihan berat badan

肥満

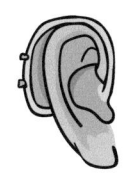

alat pendengar

補聴器

desinfektan

消毒剤

infeksi

感染

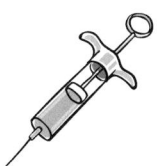

virus

ウイルス

HIV / AIDS

HIV / エイズ

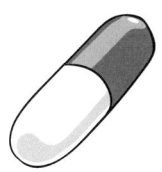

obat

内服薬

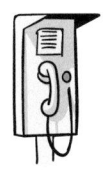

vaksinasi

予防接種

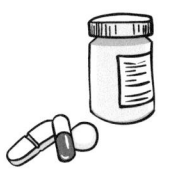

tablet

錠剤

pil

ピル

panggilan darurat

緊急電話

ukur tekanan darah

血圧計

sakit / sehat

病気の / 健康な

Tolong!
助けて！

alarm
アラーム

penyerbuan
暴行

serangan
攻撃

bahaya
危険

pintu darurat
非常口

Api!
火事だ！

alat pemadam kebakaran
消火器

kecelakaan
事故

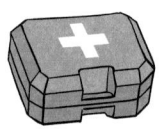
kit pertolongan pertama
救急箱

SOS
SOS

polisi
警察

Eropa

ヨーロッパ

Amerika Utara

北米

Amerika Selatan

南米

Afrika

アフリカ

Asia

アジア

Australi

オーストラリア

Atlantik

大西洋

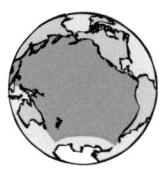

Pasifik

太平洋

Samudra India

インド洋

Samudra Antartika

南極海

Samudra Arktik

北極海

kutub utara

北極

kutub selatan

南極

Antarktika

南極大陸

bumi

地球

tanah

陸

laut

海

pulau

島

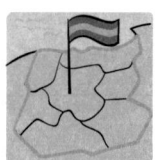

bangsa

国家

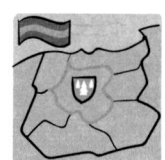

negara

国家

jam wajah

文字盤

jarum pendek

短針

jarum menit

長針

jarum detik

秒針

Jam berapa?

何時ですか？

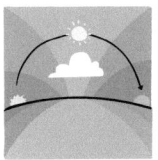

hari

日

waktu

時間

sekarang

現在

jam digital

デジタル時計

menit

分

jam

時間

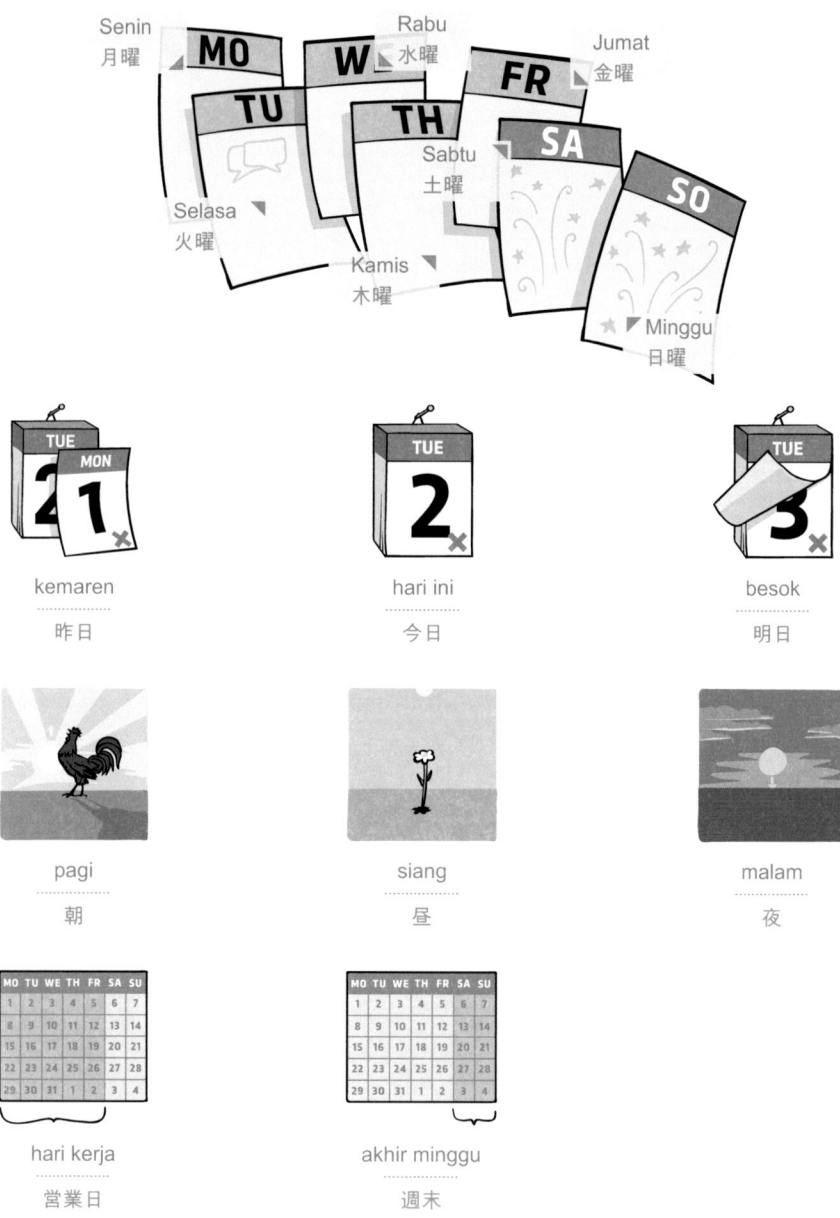

Senin 月曜 — MO
Selasa 火曜 — TU
Rabu 水曜 — W
Kamis 木曜 — TH
Jumat 金曜 — FR
Sabtu 土曜 — SA
Minggu 日曜 — SO

kemaren
昨日

hari ini
今日

besok
明日

pagi
朝

siang
昼

malam
夜

hari kerja
営業日

akhir minggu
週末

hujan
雨

pelangi
虹

angin
風

salju
雪

musim semi
春

musim gugur
秋

musim panas
夏

musim dingin
冬

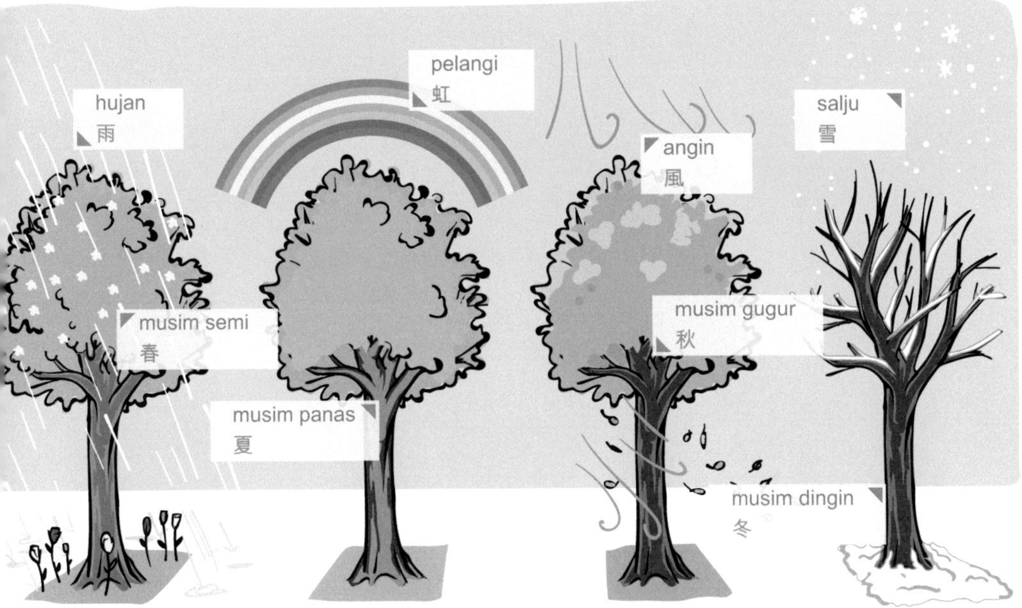

ramalan cuaca
天気予報

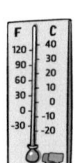

termometer
温度計

matahari
日差し

awan
雲

kabut
霧

kelembahan
湿度

kilat

雷

guntur

雷

badai

嵐

hujan es

ひょう

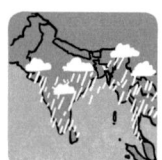

monsun

季節風

banjir

洪水

es

氷

Januari

1月

Februari

2月

Maret

3月

April

4月

Mei

5月

Juni

6月

Juli

7月

Agustus

8月

September

9月

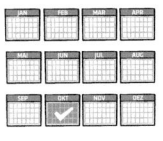

Oktober

10月

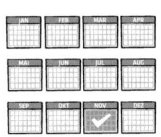

November

11月

Desember

12月

bentuk

形

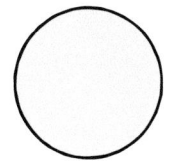

lingkaran

円

persegi

正方形

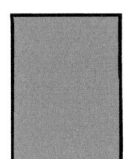

persegi panjang

長方形

segi tiga

三角

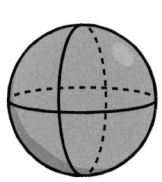

bola

球

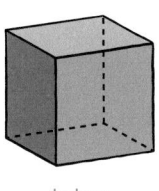

kubus

立方体

warna-warna
色

putih

白

kuning

黄

oranye

オレンジ

pink

ピンク

merah

赤

ungu

紫

biru

青

hijau

緑

coklat

茶

abu-abu

灰色

hitam

黒

banyak / sedikit

多い ／ 少ない

marah / tenang

怒っている /
落ち着いている

cantik / jelek

美しい ／ 醜い

mulaih / selesai

初め ／ 終わり

besar / kecil

大きい ／ 小さい

terang / gelap

明るい ／ 暗い

saudara laki-laki / saudara
perempuan

兄弟 ／ 姉妹

bersih / kotor

清潔な / 汚い

lengkap / tidak lengkap

完全な ／ 不完全な

hari / malam

日中 ／ 夜

mati / hidup

死んだ ／ 生きている

luas / sempit

幅広い ／ 狭い

dapat dimakan / tidak dapat
dimakan

食べられる /
食べられない

jahat / baik

悪意のある / 親切な

bersemangat / bosan

興奮している /
退屈している

gemuk / kurus

太った / 痩せた

pertama / terakhir

最初に / 最後に

teman / musuh

友人 / 敵

penuh / kosong

いっぱいの / 空の

keras / lembut

硬い / 柔らかい

berat / enteng

重い / 軽い

lapar / haus

空腹 / 喉の渇き

sakit / sehat

病気の / 健康な

ilegal / legal

違法な / 合法な

cerdas / bodoh

賢い / 愚かな

kiri / kanan

左に / 右に

dekat / jauh

近い / 遠い

baru / bekas

新しい / 中古の

tidak ada apapun / sesuatu

何もない / 何かある

tua / muda

老いた / 若い

nyala / mati

オン / オフ

buka / tutup

開いている /
閉まっている

tenang / keras

静かな / うるさい

kaya / miskin

裕福な / 貧乏な

benar / salah

正しい / 間違っている

kasar / halus

粗い / なめらか

sedih / gembira

悲しい / 幸せな

pendek / panjang

短い / 長い

pelan-pelan / cepat

ゆっくり / 速い

basah / kering

濡れた / 乾いた

hangat / sejuk

温かい / 冷たい

perang / damai

戦争 / 平和

angka-angka
数

0

nol

ゼロ

1

satu

1

2

dua

2

3

tiga

3

4

empat

4

5

lima

5

6

enam

6

7

tujuh

7

8

delapan

8

9

sembilan

9

10

sepuluh

10

11

sebelas

11

12

duabelas

12

13

tigabelas

13

14

empatbelas

14

15

limabelas

15

16

enambelas

16

17

tujuhbelas

17

18

delapanbelas

18

19

sembilanbelas

19

20

duapuluh

20

100

seratus

100

1.000

seribu

1000

1.000.000

juta

100万

Inggris

英語

bahasa Inggris Amerika

アメリカ英語

bahasa Cina Mandarin

中国標準語

bahasa Hindi

ヒンディー語

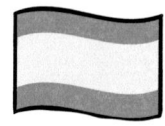

bahasa Spanyol

スペイン語

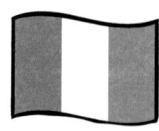

bahasa Perancis

フランス語

bahasa Arab

アラビア語

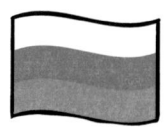

bahasa Rusia

ロシア語

bahasa Portugis

ポルトガル語

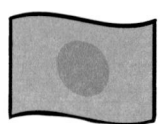

bahasa Bengal

ベンガル語

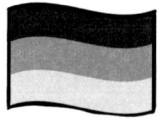

bahasa Jerman

ドイツ語

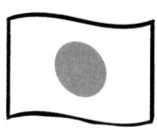

bahasa Jepang

日本語

saya

私

kamu

あなた

dia

彼 / 彼女 / それ

kita

私たち

kalian

あなたたち

mereka

彼ら

siapa?

誰？

apa?

何？

begaimana?

どうやって？

dimana?

どこ？

kapan?

いつ？

nama

名前

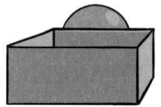

dibelakang

後ろ

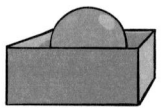

di

中

didepan

前

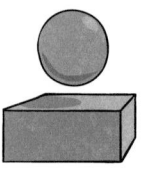

diatas

上

diatas

上

dibawah

下

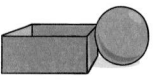

sebelah

横

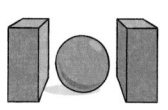

di antara

間

tempat

場所